I0098431

# De Paris

## à Chantilly

### à pied

Par

André MAREUSE

30 OCTOBRE 1902

Laval ✤ ✤ ✤ ✤
L. Barnéoud & Cie
Imprimeurs ✤ ✤ ✤

# DE PARIS A CHANTILLY A PIED

De Paris à Chantilly à pied pour son propre plaisir, voilà une idée bien bizarre ! Aussi les critiques ne me font-elles pas défaut, mais qu'importe ? Je reçois des félicitations de ceux qui ont compris le charme que peut procurer une semblable excursion. Il ne faut d'ailleurs pas exagérer l'importance de cette marche ; sa longueur n'atteint pas quarante kilomètres et fort souvent des distances bien supérieures ont été parcourues à pied en moins de temps. Quelle sensation bizarre l'on éprouve à suivre un itinéraire que l'on ne connaît pas ou que du moins on ne connaît que sur la carte ! Va-t-on trouver un beau pays ou un pays affreux ? Sera-t-on satisfait, ou non ?

D'ailleurs cette marche n'est pas mon début ; sans doute, aucune autre n'atteignait une pareille longueur ; mais toutes m'avaient puissamment entraîné.

Ce fut vers la fin de l'année 1900 que je fis mes premiers essais de marche sérieuse : Paris à Saint-Germain par Rueil (16 k. 9), que je fis à cette époque sur le défi d'un de mes professeurs, fut la première. Elle fut dépassée par Paris-Juvisy (23 k. 2) le 31 janvier 1901. Après en avoir fait plusieurs autres inférieures à Juvisy, je me décidai à aller au delà de trente kilomètres et j'y réussis ainsi que le prouvèrent Paris à Lagny (31 k.) le 28 avril 1901, et Gemozac à Royan-Pontaillac (33 k.) le 31 août 1901, dans la Charente-Inférieure.

Enfin, pour l'année 1902, deux projets dépassant trente kilomètres furent préparés : Paris-Brétigny et Paris-Chantilly ; ce dernier fut choisi.

Deux projets s'y trouvèrent englobés : Paris-Villiers-le-Bel, qui n'avait plus de raison d'être, et Paris-Luzarches, qui avait été abandonné « comme trop long » *(sic)* !

Après beaucoup de discussions, la marche fut fixée au 27 avril 1902, veille de l'anniversaire de Lagny ; une bande de cyclistes devait se joindre aux marcheurs qui devaient eux-mêmes être deux ou trois, mais ce jour-là il fit si mauvais temps que le projet dut être remis au 8 mai, et, n'ayant pu avoir lieu, il fut momentanément abandonné.

A l'automne, il est repris et fixé au 30 octobre 1902 ; mais à cette date je suis seul marcheur, mon ami Horace Flach et mon frère Pierre, seuls cyclistes.

J'ai préparé, avant le départ, deux séries de cartes postales illustrées qui contiennent quatre cartes chacune. Elles portent des photographies que j'ai faites et qui représentent :

1° Paris-Gare St-Lazare, pour être mises à la poste à Paris ;

2° St-Denis (La justice de paix), pour être mises à la boîte aux lettres de la gare de Sarcelles ;

3° La cour du château d'Ecouen, pour être mises à la boîte de la gare de Luzarches ;

4° Chantilly (Château) : La galerie où sont peints les exploits de M. le prince, pour être mises à la poste à Chantilly.

Ces cartes sont adressées par série à des amis ; elles doivent indiquer les heures de passage aux diverses localités, et les distances.

### De Paris à Sarcelles.

Le jour choisi arrive enfin et montre une vaste
nappe de brouillard sur Paris ; ce contretemps
cause l'interdiction qui est faite à mon frère Pierre
de partir de si bonne heure. Pensant que le temps
va se lever, je décide de partir quand même, mais
hélas ! le soleil ne paraîtra pas de la journée. Je téléphone aussitôt à mon ami Horace Flach qui me dit
qu'il va me rejoindre à bicyclette et à 7 h. 5 du
matin je quitte le numéro 81 du boulevard Haussmann avec cinq minutes de retard sur l'horaire que
j'avais prévu comme d'habitude.

Ne voulant pas me fatiguer dès le début je
pars très lentement et je pénètre dans la rue d'An-
jou ; je ralentis encore ma vitesse pour monter la rue de
Rome, la place de l'Europe et la rue de St-Péters-
bourg jusqu'à la place Clichy. Quelle lenteur ! je vais
à peine à deux kilomètres à l'heure ; il est vrai que la
rampe est dure. Mais après la place Clichy l'allure
s'accroît un peu et avant d'arriver à la fourche elle
devient fantastique à cause de la descente ; je prends
l'avenue de St-Ouen à une vitesse qui doit être environ de 7 à l'heure ; je me demande comment au
milieu de la foule venant en sens inverse je ne bous-
cule personne.

2 kil. 8. *Gare de l'avenue de St-Ouen.* — Je passe
à 7 h. 44.

Après la gare j'arrive presque immédiatement à
la porte de St-Ouen par laquelle je sors de Paris. Il
est inutile de parler de St-Ouen ; tout le monde
connaît le peu d'esthétique de cette localité. Je passe
donc rapidement. Après avoir remarqué à droite la

nouvelle église, je passe sous la ligne des trains tramways du Nord et j'arrive à la mairie.

4 kil. 6. *Mairie de St-Ouen.* — Je passe à 8 h. 11.

Je rejoins la route de la Révolte que je suis jusqu'à St-Denis en passant par le carrefour Pleyel et le pont de la Révolte. Sur ce parcours, aussi affreux que celui qui précédait, aucun incident ne se produit à l'exception d'une voiture qui, débouchant d'une rue transversale, me barre la route un instant. Cet incident sans importance n'a d'ailleurs pour effet que de me retarder de quelques secondes.

6 kil. 8. *St-Denis. Porte de Paris.* — Je passe à 8 h. 50.

C'est à ce point que je laisse sur la gauche la route que j'avais déjà suivie de Paris à Montmorency. Je pénètre donc dans les rues de St-Denis qui sont fort peu agréables et, après avoir passé devant la justice de paix, je traverse la place aux Gueldres et je sors de la ville par le rond-point de Picardie. Enfin me voici hors des lieux trop habités ; à droite et à gauche je ne vois que des champs, mais, hélas ! cette platitude absolue ne réveille pas les sens esthétiques de mes yeux. Après avoir franchi la grande ligne du Nord et la grande ceinture, je pénètre dans Pierrefitte.

9 kil. 9. *Pierrefitte.* — Je passe à 9 h. 50.

Une heure pour faire trois kilomètres !! Je m'aperçois qu'il se fait tard et que je n'aurai jamais mes deux heures de repos à Sarcelles ; inquiétude ! Je m'enfonce dans le brouillard qui ne veut décidément que me permettre d'entrevoir de temps à autre le paysage ; il est vrai que dans cette partie je n'ai rien à regretter. J'aperçois bientôt des maisons dans le brouillard : c'est le Barrage.

11 kil. 1. *Hameau du Barrage.* — Je passe à 10 h. 5.

Je laisse à gauche la route de Montsoult que j'ai déjà suivie et dont j'ai conservé le meilleur souvenir. Décidément il est trop tard pour aller lentement : je donne une vitesse de 5 kilomètres à l'heure et je continue ma route. Le paysage s'améliore et je n'ai pas lieu de regretter ma marche. En me retournant j'aperçois derrière moi un nuage de poussière qui s'approche rapidement ; c'est évidemment une bicyclette ; serait-ce H. Flach ? Oui, c'est lui ; il met sa bicyclette au pas, et nous arrivons ainsi à Sarcelles.

13 kil. *Sarcelles. Rue de la gare.* — J'arrive à 10 h. 29.

J'ai bien rattrapé, mais je suis encore en retard ; il ne me reste qu'une heure et demie avant le moment du départ.


**Sarcelles.**


Il s'agit maintenant de me rendre au café-restaurant de la gare tenu par Brierre, à St-Brice, où nous avons télégraphié, le matin, de nous préparer à déjeuner. Ce restaurant se trouve éloigné de la route d'une distance de six cents mètres ; comment les franchir pour ne pas se fatiguer ? Mon ami Flach me prête sa bicyclette pendant qu'il se rend à la poste pour téléphoner à ses parents afin de leur dire qu'il m'a rejoint en bon état, et c'est ainsi que je gagne le restaurant. En attendant mon ami, j'écris les cartes postales que je dois envoyer de là. Sitôt Flach arrivé, nous nous mettons à table avec grand appétit et à peine avons-nous commencé que mon frère Pierre, qui avait déclaré ne pas vouloir venir du tout à la suite de l'in-

terdiction qui lui avait été faite de partir à sept heures
du matin, arrive par le chemin de fer, suivi du con-
cierge du 81 boulevard Haussmann, qui repart aussitôt. Je fais mettre un troisième couvert pour mon frère
et nous commençons à déjeuner. Le poêle du restaurant sent très mauvais ; nous sommes obligés de laisser la fenêtre ouverte, ce qui, par le froid qu'il fait,
est très désagréable.

## MENU :

Sardines beurre.
Salé aux choux.
Bifteck aux pommes.
Fromage.
Café.
Vin de Bordeaux blanc.
Eau de Chantilly.

Cet excellent déjeuner ne coûte pas cher ; il revient
à 2 fr.65 par tête. Aussitôt après, mon frère et moi
nous remontons à bicyclette, tandis que H. Flach
nous suit à pied. Je vais fort lentement et Flach,
pour me faire une farce, me pousse ; c'eût été fort
agréable en d'autres temps ; malheureusement, il y
a des travaux dans la rue de la gare, ce qui m'oblige
à serrer le frein pour ralentir. En arrivant au point
de la grande route où j'étais, le matin, monté à bicyclette, je mets pieds à terre, rends la machine à Flach,
et me dispose à reprendre ma marche. En descendant
de bicyclette je fais pour la première fois connaissance
avec un frein à contre-pédale ; je trouve ce système
fort désagréable pour l'arrêt en descente.

De Paris à Chantilly à pied

La route après Sarcelles

Hameau de l'Espérance

### De Sarcelles à Luzarches

A midi 12, je reprends ma marche à travers le village et, contrairement à mon habitude, je prends immédiatement ma plus grande vitesse. D'ordinaire, en effet, je pars fort lentement et j'augmente ensuite progressivement l'allure. Cette dérogation à mes habitudes a pour cause l'état du terrain qui descend, en ce point, assez rapidement. Quoi qu'il en soit, mon frère me dit : « Si tu vas aussi vite que cela, ce ne sera pas pénible de te suivre à bicyclette. » Mais cette vitesse obtenue en descente ne pourra pas rester aussi forte dans tous les accidents du terrain. Vers la fin du village Flach prend par la main une voiture et se fait ainsi tirer pendant quelques mètres ; ce fait excite l'indignation d'un charretier qui passe.

Au sortir de Sarcelles, la route prend un gentil aspect entre deux rangées de beaux arbres. Enfin nous sommes sortis de cette affreuse banlieue immédiate de Paris ; des champs agréables se montrent à nos yeux des deux côtés de la route. Nous arrivons ainsi au coquet hameau de l'Espérance, dépendant de la commune de Villiers-le-Bel. Immédiatement après les cyclistes s'arrêtent un bon moment ; il y a quelque chose qui ne fonctionne pas bien à l'une des machines ; pendant ce temps je continue ma route. Le retard qu'ils éprouvent est du reste minime puisqu'ils me rejoignent un instant après dans un petit bois qui se trouve un peu avant l'entrée d'Ecouen.

16 k.2. *Ecouen. Route d'Ezanville.* — Je passe à midi 52.

En sortant du village je suis désappointé ; c'est le plateau du nord de Paris qui s'offre à ma vue avec ses grands espaces plats interrompus brusquement de vallonnements auxquels on ne s'attend pas ; il laisse fort à désirer au point de vue esthétique, d'autant plus qu'aucun vallonnement ne se présente sous nos pas. Enfin voici le village du Mesnil-Aubry ; il repose l'œil de ces plaines désagréables.

20 kil. 3. *Le Mesnil-Aubry, Eglise.* — Je passe à 1 h. 30.

Mon frère me fait remarquer au passage la cabine téléphonique du village qui se trouve chez un particulier ; je lui conseille alors de téléphoner pour dire que tout va bien. Il se dirige vers la cabine avec H. Flach ; je continue ma route et, au bout d'un instant, les cyclistes me rejoignent en me disant que le téléphone est fermé entre midi et deux heures. La chose n'ayant pas grande importance, nous continuons. A gauche, jolie mare. Le plateau reprend ; les cyclistes vont un peu en avant, m'attendent, et quand je les ai rattrapés, ils repartent. Arrivé à côté d'une borne hectométrique où ils m'attendent, ils m'invitent à l'examiner, car ils ont marqué dessus mes initiales, la nature et la date de mon exploit pédestre ; n'ayant pas le temps de m'arrêter, je continue.

22 kil. 4. *Route de Mareil en France.* — Je passe à 1 h. 59.

Toujours le plateau, mais cela va bientôt changer ; en effet, nous apercevons un bois et, dans les arbres, un château ; c'est Champlatreux. Nous pénétrons dans le bois et, aussitôt, le spectacle change. Le parcours, à partir de ce point jusqu'à Chantilly, suffit, à lui seul, pour ne pas me faire regretter ma journée. A droite une charmante petite mare se présente à nos yeux et de l'autre côté nous pouvons contempler le château de Champlatreux.

24 kil. 6. *Champlatreux.* — Je passe à 2 h. 16.

Le décor devient magnifique, car la route s'enfonce toujours dans le bois ; le brouillard ajoute à la majesté du lieu en lui donnant une teinte sauvage. Après un coude sur la droite la route descend très rapidement, ainsi que le montre la photographie ci-jointe, pour remonter aussitôt. Les cyclistes exécutent alors un emballage et en profitent pour m'abandonner jusqu'à Luzarches. Pour moi, après avoir descendu la pente à une forte vitesse, je ralentis beaucoup en remontant ; ceci n'est, du reste, pas un inconvénient, car je peux ainsi mieux admirer le paysage. Aussitôt après, nouvelle grande descente où les cyclistes avaient exécuté avant mon passage un emballage tel qu'ils n'étaient plus maîtres de leurs machines (1). Si le paysage est joli, cela ne veut pas dire que la route soit bonne ; en effet, presque partout il y a de gros pavés et, sans le sentier cyclable, les cyclistes et moi n'avancerions que très difficilement.

26 kil. 5. *Route du hameau de Gascourt.* — Je passe à 2 h. 36.

La route tourne brusquement à gauche et je ne tarde pas à apercevoir Luzarches. De jolis paysages paraissent des deux côtés ; puis je pénètre dans la ville. A gauche j'aperçois le château et à droite l'église. En arrivant je vois les cyclistes qui m'attendent pour me demander si nous sommes bien à Luzarches. Ils me déclarent ensuite qu'ils ont soif ; n'ayant nulle envie de boire, je leur dis d'aller seuls

---

1. Récit de Pierre Mareuse.

à un café et qu'ils me retrouveront à la gare. A ce moment ils remontent en machine et H. Flach ramasse une pelle sur les pavés ; il ne se fait d'ailleurs aucun mal et remonte sur sa bicyclette qui était intacte. Nous continuons dans la ville et les cyclistes s'arrêtent à un café situé près du marché.

Pour moi, je continue ma route.

28 kil. 3. *Gare de Luzarches.* — J'arrive à 2 h. 53.

Les quelques minutes de retard que j'avais au départ de Sarcelles sont plus que rattrapées, puisque je suis en avance sur mon horaire ; j'ai donc la certitude de pouvoir être à Chantilly avant la nuit.

### Luzarches

Arrivé là, je suis très ennuyé, car je m'étais trompé sur la position de la gare, en l'ayant cru placée contre la route ; mais je ne m'arrête pas longtemps à cette réflexion, pensant que les cyclistes auront l'idée de ne pas quitter la grande route, que je pourrais ainsi les arrêter au passage et prier l'un d'eux de porter les cartes postales à la boîte aux lettres de la gare. Ce qui va suivre prouvera qu'il n'en sera pas ainsi. Je m'assieds sur le parapet du pont jeté sur un ruisseau qui se trouve à cet endroit et je me mets à écrire les cartes-postales avec le porte-plume réservoir que mon frère m'a prêté, tandis que des enfants jouent autour de moi. J'attends ensuite, puis voyant que les cyclistes n'arrivent pas, je me décide à porter moi-même mes cartes à la boîte. En arrivant devant la gare ma stupéfaction est grande en apercevant les deux cyclistes qui attendent bien tranquillement. Je leur reproche en termes amers de m'avoir

fait monter à pied jusque-là, ce à quoi Flach me
répond qu'un rendez-vous donné à la gare n'est pas
donné à côté. Après avoir mis mes cartes à la boîte, je
réquisitionne de nouveau la bicyclette de Flach et je
descends dessus jusqu'à la route ; là je mets pied à
terre et je rends la machine à mon ami.

### De Luzarches à Chantilly

Je quitte Luzarches à 3 h. 15 en même temps que
les deux cyclistes qui me dépassent rapidement. A la
première courbe le petit village de Chaumontel appa-
raît dans un décor charmant. Dans le village les
cyclistes m'attendent.

29 kil. 3. *Chaumontel.* — Je passe à 3 h. 27.

La plaine continue, mais ce n'est plus ce désespé-
rant plateau qui précédait Champlatreux ; c'est une
belle campagne sur laquelle la route se déroule. Voici
le bois de Bonnet dans lequel nous ne tardons pas à
nous enfoncer. Environ cent mètres après l'entrée
du bois, je trouve les cyclistes arrêtés à un rond-point
le long d'une barrière blanche, où ils ont marqué
mon passage comme sur la borne avoisinant la route
de Mareil-en-France. Du reste je refuse encore de
m'arrêter. Quelques mètres plus loin j'aperçois la
borne qui marque la limite des départements de
Seine-et-Oise et de l'Oise ; je crie aux cyclistes qui
sont restés derrière de la regarder en passant. Qui-
conque désire voir une mauvaise route fera bien d'aller
en ce lieu ; il constatera que du côté de l'Oise la
route est dans un état pitoyable. Les pavés dont elle
est formée sont si peu carrossables que les charre-
tiers préfèrent passer à côté, dans le sable. Cependant

il est juste de dire qu'en ce point le paysage est vraiment pittoresque ; nous en donnons d'ailleurs ur.e photographie. Continuant seul à travers le bois, puisque les cyclistes m'ont encore dépassé, j'arrive en vue de Lamorlaye ; je franchis la Thève et j'aperçois les cyclistes arrêtés dans le village.

32 kil. 3. *Lamorlaye.* — Je passe à 4 h. 1.

La route, au sortir du village, rencontre une colline au pied de laquelle les cyclistes déclarent, malgré mes supplications, qu'ils vont m'abandonner jusqu'à Chantilly ; mais, la rampe qu'ils ont à gravir les obligeant à aller à pied, ils doivent momentanément renoncer à leur projet. La route continue à passer dans un charmant paysage et arrive à un rond-point situé en haut de la rampe. Là, rien ne peut retenir les cyclistes qui disparaissent dans le brouillard. Ils ont cependant daigné écouter auparavant un conseil qui est de laisser leurs machines à la consigne et de m'attendre devant la gare de Chantilly. Le brouillard a augmenté ; aussi la route est-elle, pendant un moment, presque dérobée à mes regards.

34 kil. 4. *Gouvieux. Route du poteau du mont Pô.* — Je passe à 4 h. 32.

Je continue en longeant sur la gauche le bois des Aigles. J'entends bientôt des coups de sifflets dans le lointain ; ils me causent un immense plaisir ; en effet, d'où peuvent-ils venir si ce n'est des trains du chemin de fer du Nord et me signaler ainsi le voisinage de Chantilly ? Je ne tarde pas à arriver à une route où, avant mon passage, les cyclistes s'étaient égarés ; il avaient été jusqu'à la gare des marchandises et avaient dû ensuite revenir sur leurs pas (1). Je

1. Récit de Pierre Mareuse.

continue et je franchis le chemin de fer ; à droite
j'apercois la route qui conduit au château par la forêt.
A gauche je vois les cyclistes qui m'attendent assis
sur un banc et qui se sont encore éloignés de la route
malgré ce que je leur avais dit ; je les rejoins et leur
fais des reproches à ce sujet. Ils ont laissé leurs machines à la consigne.

36 kil. 4. *Gare de Chantilly.* — Je passe à 4 h. 54.

Je continue la route avec les cyclistes devenus
piétons et je constate avec étonnement que je suis le
moins fatigué des trois ; mon frère traîne la jambe et
Flach ne peut me suivre.

37 k. 3. *Chantilly. Bureau central d'octroi.* — Je
passe à 5 h. 3.

Nous tournons à droite. Flach me demande si je
sais où est l'hôtel ; je lui réponds que je crois le savoir
à peu près ; il me dit que je devrais me renseigner
auprès des passants ; mais, trouvant suffisantes les
indications que j'ai, je refuse. Nous longeons sur la
droite le champ de courses.

37 k. 9. *Chantilly. Hôtel du grand Condé.* — J'arrive
à 5 h. 7.

J'ai vingt minutes d'avance sur mon horaire.


### Chantilly et conclusion


Un peu après notre arrivée, mon père vient nous
chercher en voiture pour aller au château voir le
conservateur que nous ne trouvons pas ; de là la voiture nous conduit à la poste pour mettre les cartes
postales dans la boîte, téléphoner à Paris et télégra-
phier à Bordeaux la réussite de l'excursion. Nous

allons ensuite à la gare chercher Georges Flach qui arrive par le train parti à six heures de Paris-Nord. Puis un dîner a lieu à l'hôtel du grand Condé ; invités par mon père nous sommes cinq à table autour d'un excellent repas, après lequel tout le monde retourne à pied à la gare pour prendre le train pour Paris. Sur ce dernier parcours mon frère voulant s'éclairer avec sa lanterne de bicyclette à acétylène essaye vainement de l'allumer ; aussi n'avons-nous que les réverbères pour nous donner de la lumière jusqu'à la gare.

Voilà donc mon excursion terminée ; elle me vaut des lettres de félicitations que j'ai conservées et beaucoup de critiques. L'impression qu'elle me laisse est excellente ; quant à dire que j'en ferai encore de plus longues, j'en doute ; Paris-Chantilly ne m'a pas fatigué, soit ; mais je n'ai pas la prétention d'être un marcheur extraordinaire, je suis et resterai toujours un simple amateur.

LAVAL. — IMPRIMERIE L. BARNÉOUD & Cie.

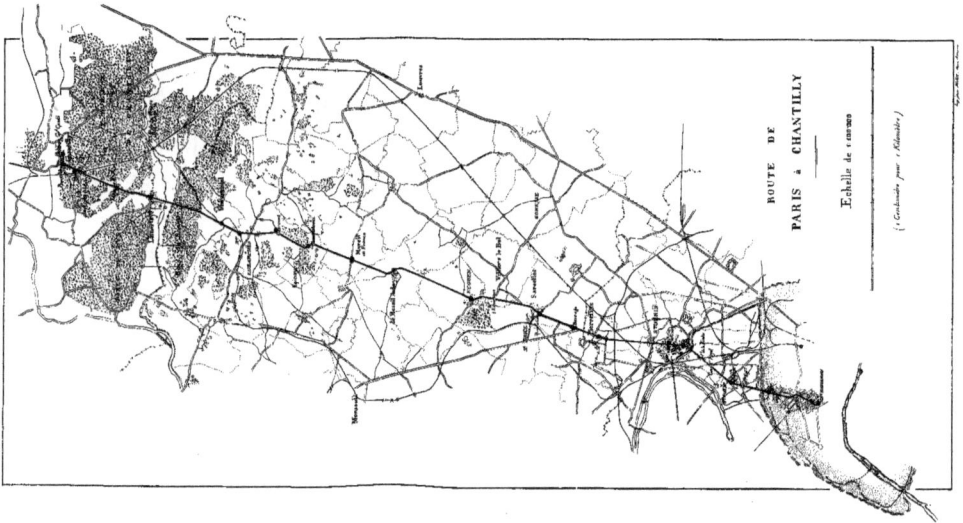

ROUTE DE
PARIS à CHANTILLY

Echelle de comme

( Centimètre pour 1 Kilomètre )

www.ingramcontent.com/pod-product-compliance
Lightning Source LLC
Chambersburg PA
CBHW061805040426
42447CB00011B/2481